El museo 2.0

La comunicación y el marketing de las artes y la cultura

El nuevo papel de los periodistas y dircoms

Juan A. Ibáñez Cuenca

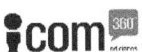

© Juan Antonio Ibáñez Cuenca

Reservados todos los derechos

Primera edición: junio 2015

Icom 360 Ediciones

1- ESTADO DE LA CUESTIÓN

En la actualidad los museos de arte emergen como espacios de ocio popular, habiendo ampliado sus públicos de forma relevante en los últimos años. Madrid, que destaca por ser sede de las grandes pinacotecas nacionales, se ha convertido en un gran "mercado" donde compiten distintas propuestas culturales y de ocio para captar la atención del potencial visitante.

El sector museístico se encuentra en transformación, tanto a nivel nacional como internacional, debido, entre otros aspectos, a los cambios en la demanda, las nuevas prácticas de la visita, la propia presentación de la exposiciones, el uso de las nuevas tecnologías, el desarrollo del turismo cultural y "unas mayores expectativas -por parte de los responsables políticos- de obtener resultados económicos y/o una buena imagen, además de un impacto educativo y social" (Tobelem, 2010: 85). En España, uno de los cambios recientes más significativos, además, ha sido el aumento de la presencia de la empresa privada, en el marco de un nuevo concepto social que identifica a ésta como elemento esencial de cualquier necesidad demandada por la ciudadanía.

En líneas generales, podemos hablar del desarrollo de un museo "de banda ancha", según terminología utilizada por Kotler. La tendencia pasa por ampliar su imagen, públicos, programas y apoyo. Tal y como ocurre con el ancho de banda en el mundo digital y de radiodifusión, los museos pueden contemplarse como un espectro continuo, que discurre desde los museos de "banda estrecha" en extremo hasta los museos de "banda ancha", que tienen "un sentido amplio de su misión, una imagen expansiva que comunicar, una variedad de programas y un público extenso y diverso al que servir". En ellos, aparece una diferente "experiencia museística" que incluye, en concreto, factores tales como "aprendizaje y celebración, entretenimiento y sociabilidad, placer estético y encanto" (Kotler, 2008:17).

Por todo ello, la comunicación adquiere un papel todavía más importante que en el pasado, pues es el elemento clave para dar a conocer el museo, sus exposiciones y atraer público, tanto especializado como general, incluyendo la población flotante turística. Así, los museos realizan campañas de Relaciones Públicas y Marketing para sobresalir entre la creciente oferta y llegar al mayor número de personas.

Los medios de comunicación ejercen un papel fundamental como intermediarios y, sobre todo, como prescriptores. De hecho, la técnica y práctica de las relaciones con la prensa es una prioridad en los departamentos de Comunicación de los museos e instituciones culturales.

Sin embargo, en este momento, posiblemente, los museos ya no necesitan tanto a los medios como en el pasado. Pues gracias a Internet y, en general, a los medios interactivos, los museos se han convertido en "fuentes informativas 2.0" que pueden conectar y "conversar" con sus públicos directamente. Además pueden hacerlo en tiempo real.

Por este motivo parece oportuno analizar en qué medida se están transformando estas relaciones con los medios de comunicación (en adelante, *media relations*), en un contexto en el que se ha roto la jerarquía tradicional en el flujo de la información y el relativo monopolio de acceso al público final por parte de la prensa. Y han aparecido nuevos modos de interacción entre "fuente 2.0" y periodista.

2- OBJETO DE ESTUDIO

2.1. Definición de media relations

Esta investigación analiza las nuevas *media relations* de los museos, como una técnica y práctica de la disciplina de las Relaciones Públicas. Se ha optado por utilizar la denominación norteamericana por considerar que clarifica al máximo un significado inequívoco, y así evitar cualquier posible confusión terminológica y de marcos teóricos aplicables, pues se refiere específicamente a la parte de la comunicación estudiada.

En el ámbito de la comunicación de los museos de arte, la práctica de las *media relations* establece, a través de un trabajo profesional y preferiblemente continuado, relaciones de mutua confianza con los periodistas para promover la publicación de informaciones relevantes e interesantes para la audiencia en los medios de comunicación. Se trata de una comunicación "mediada" con los públicos externos del museo destinada a atraer visitantes a sus exposiciones y actividades, a la vez que se favorece la reputación, notoriedad y marca de la propia institución. Para ello, el responsable de Prensa utiliza en su contacto diario con los periodistas distintas herramientas. Las más habituales son, entre otras: las notas de prensa, ruedas de prensa, entrevistas, la atención a las peticiones de los periodistas, portavocía, etc.

Las *media relations* tienen su origen en los primeros agentes de prensa de finales del siglo XIX e inicios del XX. El pionero Ivy Leadbetter Lee en su histórica "Declaración de Principios" en 1906 explicita su característica distintiva: "Las empresas y las instituciones públicas dan mucha información en las que se pierde de vista el aspecto noticiable. Sin embargo, es tan importante para el público tener estas noticias, como para las mismas organizaciones hacerlas circular" (Rius, 2007: 191).

Como define Black, las *media relations* son esencialmente una operación bilateral, que conecta una organización con la prensa. La técnica implica "darles lo que necesitan, en un formato adecuado y en el momento justo" (Black, 2004: 75), siendo "la confianza y el respeto entre una organización y los medios la base necesaria para unas buenas relaciones" (Black, 1994: 68).

Parece conveniente tomar en consideración también el punto de vista de la profesión periodística, ya que, como argumenta el profesor Núñez Ladevéze, nada impide que el interés del gabinete (de prensa) para que se difunda una información sea compatible con el juicio del periodista sobre el valor informativo y con el interés del público por conocerla. Así, "La función principal del gabinete será, pues, la de presentar la información tan elaborada que el periodista o el medio informativo la dé por válida". (Núñez Ladevéze. 2002: 26).

Por tanto, la comunicación es "el enlace entre la Fuente de la noticia (empresa o institución) y la Sociedad, a través de los medios de comunicación" (Martín, 1999: 23). En esta relación "los periodistas y otros profesionales de los medios dependen de las fuentes de Relaciones Públicas para obtener información y acceso a los negocios y otras organizaciones. Podríamos decir que se trata de una relación simbiótica" (Pavlik, 1999: 75).

Muy probablemente las *media relations* han representado una parte principal en el mundo profesional de la Comunicación y las Relaciones Públicas. De hecho, los distintos estudios desarrollados en España sobre el sector muestran que el Gabinete de Prensa, junto con la ejecución de eventos, presenta la actividad de comunicación más desarrollada por las empresas, en el 75 % de las encuestadas. También es el servicio más ofrecido por las agencias de comunicación, un 89 % (ADECEC, SIGMADOS. 2008).

La investigación académica ha versado, en general, sobre las actitudes de los profesionales de las Relaciones Públicas y de los periodistas, siendo necesario también abarcar un examen de las actitudes del público hacia los medios, los usos de éstos, y la naturaleza cambiante de los medios y las nuevas tecnologías (Pavlik, 1999: 78). Así son válidos múltiples estudios, y autores, partiendo de la *Mass Communication Research* o la Sociología de la Comunicación, desde conceptos como la *agenda setting* (Maxwell McCombs, Donald Shaw) o el *gatekeeper* y el líder de opinión (Kurt Lewin, Lazarsfeld) hasta el desarrollo de una teoría global de las Relaciones Públicas de la Excelencia basada en una investigación integrada en la práctica profesional, como aboga Grunig (Grunig, 2006: 62).

2.2 Las media relations como un modelo bidireccional simétrico

Basándonos en los modelos de Relaciones Públicas descritos por Grunig y Hunt, las *media relations* en sí mismas pueden y deben establecer un modelo bidireccional simétrico con este público (los periodistas), cuyo objetivo es llegar a un entendimiento mutuo en base a unas comunicaciones en ambos sentidos. Estos teóricos de la disciplina desarrollaron de forma diacrónica cuatro modelos de gestión de la comunicación en las organizaciones: -1- Agente de prensa (unidireccional-propaganda), -2- Información pública (unidireccional – difusión de información), -3- Bidireccional asimétrico (persuasión científica), y -4- Bidireccional simétrico (entendimiento mutuo). Este último es considerado el ideal por los autores.

En lo relativo a la relación responsable de Prensa (*PR practitioner*) – periodista, Grunig y Hunt explican que "quien practica los modelos bidireccionales, tanto asiméticos como simétricos, de Relaciones Públicas enfocan su tarea de una manera más sistemática, comenten menos errores que alienen a los periodistas e investigan y planifican más". "El representante de la prensa simétrico bidireccional es un intermediario o un árbitro en la dirección de la organización y la prensa" (Grunig y Hunt; 2003: 344).

De este modo, la investigación intenta aportar conocimientos que permitan introducir mejoras y hacer más fructífera las relaciones con los medios de comunicación (periodistas) y lograr ese entendimiento mutuo en un nuevo entorno cultural y comunicativo. En este sentido, Grunig destaca el enorme valor de la investigación en Relaciones Públicas, tanto para garantizar el mayor éxito de la acción como para garantizar un modelo realmente bidireccional.

En consecuencia, tratamos de aproximarnos de una forma muy acotada a la comunicación cultural de los museos, teniendo en cuenta el papel primordial y estratégico de las *media relations* para estas instituciones sin ánimo de lucro y generadoras de información pública relevante, que puede y debe ser divulgada, como parte de la propia misión social del museo.

2.3 Marco teórico de las *media relations*

En general, los acercamientos académicos a las *media relations* se han realizado desde el punto de vista de la teoría y técnica de las Relaciones Públicas, el Marketing y la Sociología de la Comunicación. Por ello, es conveniente explicitar el modelo teórico aplicado, destacando que se ha tenido en cuenta también la realidad de la práctica profesional.

Como punto de partida adoptaremos la definición de Relaciones Públicas propuesta por Grunig y Hunt al englobar sintéticamente todo lo que hacen los "practicantes de Relaciones Públicas", sin incidir, como otros autores, en los efectos y la eficacia. Ya que dentro de la disciplina se pueden buscar distintos objetivos (persuasión, comprensión, comunicación) y no siempre, como es normal en cualquier actividad humana, se consigue el éxito total. Los autores abogan por describir las Relaciones Públicas como la "dirección y gestión de la comunicación entre una organización y sus públicos" (Grunig y Hunt, 2003: 55).

Las Relaciones Públicas es un "subsistema" de la organización, realizando sus profesionales un papel "fronterizo" apoyando a otros "subsistemas" de la organización, "ayudándoles a comunicarse con los públicos externos a través de los límites de la organización, y ayudándoles a comunicarse con otros subsistemas internos de la organización" (Grunig y Hunt, 2003: 57). A su vez resuelven "problemas de Relaciones Públicas", provocados por las consecuencias recíprocas entre las organizaciones y todos sus públicos. Los autores describen, asimismo, modelos de la función de Relaciones Públicas en una organización, desarrollando los cuatro tipos anteriormente citados.

En este sentido, las *media relations* forman parte de la función directiva de las Relaciones Públicas y junto a otras acciones favorecen la comunicación de las organizaciones y sus públicos. Así se puede establecer un modelo de gestión de la comunicación con los periodistas, *media relations*, guiado por unas técnicas y unas prácticas profesionales que buscan objetivos determinados y fijados por el programa de Relaciones Públicas. Hay que destacar que en este caso concreto, los periodistas son mediadores y público en sí mismo.

En la comunicación en museos, las *media relations* son uno de los elementos más destacados entre sus estrategias de comunicación y difusión, entre otros motivos, debido a la escasez de recursos de estas organizaciones sin ánimo de lucro, que limita otras acciones de publicidad o marketing que requieran mayor inversión. Además hay que destacar que estamos hablando de una información pública relevante y de gran valor divulgativo.

En el ámbito empresarial y también en el institucional, aunque en menor grado, las Relaciones Públicas se consideran frecuentemente como parte de las estrategias de Marketing y son reducidas a las *media relations* o en algún caso también a los eventos promocionales. En este sentido, Kotler describe unas *Marketing Public Relations* - MPR (Kotler, 2003: 616) como una destacada y emergente herramienta de Marketing que presta "apoyo directo a la promoción de la empresa o del producto y a la creación de imagen" (Kotler, 2000: 676), aunque contemplando que las Relaciones Públicas cumplen también otras funciones en la gestión de las organizaciones.

Es necesario resaltar que, en la práctica profesional, las Relaciones Públicas están ganando cada vez más protagonismo "como integrante y parte importante del marketing mix" (Wilcox, 2006). Debido, entre otros motivos, a su gran eficacia, que ha sido destacada, entre otros, por autores como Ries y Ries en su libro La caída de la Publicidad y el auge de las Relaciones Públicas. Haciendo referencia específicamente a las *media relations*, Kotler afirma que "lo que dicen los medios de comunicación tiene mucha más credibilidad que cualquier anuncio pagado" (Kotler, 2000: 20).

Sin embargo, algunos autores de la teoría y técnica de las Relaciones Públicas y la Propaganda como Black, Arceo, J. L; Arceo, A; Cutlip y Center, y Noguero sostienen el carácter comercial del Marketing, hecho que se enfrenta directamente con los objetivos no estrictamente comerciales de una "materia interdisciplinar como las Relaciones Públicas" (Arceo, 1995: 125). Por tanto, las Relaciones Públicas no tendrían como objetivo primario la venta o contratación del producto o servicio, sino que trabajan con la imagen, actitud e intención del público hacia la organización, siendo el consumidor sólo uno de sus públicos.

En el marco de la comunicación cultural de los museos y desde una primera aproximación, optaríamos por un discurso integrador que incorpora técnicas, herramientas, estrategias y tácticas de las diferentes disciplinas involucradas, siendo esta visión global la base teórica de este trabajo de investigación.

El objeto de estudio, las *media relations* en los museos de arte, se entronca en ambas disciplinas formando en la práctica una estrategia común, conjuntamente con todas las actividades de comunicación, difusión y promoción de un museo. En líneas generales se puede afirmar que el Marketing influye sobre el comportamiento y las Relaciones Públicas sobre las actitudes de los públicos hacia la organización y sus productos, actitudes, que a su vez, influirán en el comportamiento (Kotler y Kotler, 2008: 277). Ambas disciplinas son complementarias y se encuentran íntimamente relacionadas, más si cabe en el ámbito analizado donde existe siempre una orientación al producto, más que a la satisfacción de las necesidades del consumidor.

En este caso, hablamos de un Marketing específico de las Artes y la Cultura que tiene unas características definitorias: "Es el arte de alcanzar aquellos segmentos de mercado interesados en el producto adaptando a éste las variables comerciales (precio, distribución y promoción) con el objetivo de poner en contacto al producto con un número suficiente de consumidores y alcanzar así los objetivos de acuerdo con la misión de la organización cultural" (Colbert y Cuadrado, 2010: 26). Es decir, "no hay que adaptar el producto al consumidor sino que debemos hacer comprensible y atractivo el producto cultural" (Monistrol, 2009).

2.4 Muevas tendencias de los museos

2.4.1. El museo

El Consejo Internacional de Museos (ICOM), perteneciente a la UNESCO, define museo como "una institución permanente, sin fines de lucro, al servicio de la sociedad y de su desarrollo, y abierta al público, que se ocupa de la adquisición, conservación, investigación, transmisión de información y exposición de testimonios materiales de los individuos y su medio ambiente, con fines de estudio, educación y recreación" (ICOM, 2010). Esta línea es asumida en España por la legislación, entre ella, la Ley 16/1985, de 25 de junio, del Patrimonio Histórico Español y el Real Decreto 620/1987, de 10 de abril, por el que se aprueba el Reglamento de Museos de Titularidad Estatal y el Sistema Español de Museos.

En esta definición aparecen dos elementos clave respecto al objeto de estudio, pues se presenta el museo como una institución "abierta al público", y que por tanto tiene relaciones con él. Dentro de sus funciones esenciales se encuentra la "transmisión de información" y "exponer" el patrimonio (que en la ley española se especifica como "conjuntos y colecciones de valor histórico, artístico, científico y técnico o de cualquier otra naturaleza cultural").

Desde el *Mouseion*[1] de Alejandría (generalmente considerado como el origen del museo), en el siglo III a. C, la institución, desde el punto de vista de la comunicación, se ha desarrollado abriéndose cada vez más a la sociedad y, por tanto, a sus públicos. Así ha pasado de ser un lugar sacrosanto donde se almacenaba y cuidaba el patrimonio a un espacio abierto a la sociedad que "ha tomado conciencia de su auténtico rol social en nuestros días y, en consecuencia, ha transformado sus actividades y programas, creando y potenciando ciertos servicios, como son los de relaciones públicas, publicidad, información, documentación, apoyo a la investigación, educación, ayuda al desarrollo de la comunidad, etc, en clara relegación o detrimento a veces, en opinión de algunos, de las funciones clásicas de la recolección y conservación" (Alonso, 2006: 326).

Una de las tendencias más influyentes del pensamiento museológico actual es la denominada Nueva Museología que surgió en los setenta y se define precisamente como "aquella ciencia que tiene por objeto desarrollar la vocación social del museo, potenciando su dimensión interdisciplinar y sus formas de expresión y comunicación" (Hernández, 2006: 170). Este papel aparece como exponente de la nueva concepción y definición de museo en la sociedad contemporánea donde éste se ha convertido en un "museo-mercado que oferta productos culturales que son consumidos por el gran público, y como todo producto de mercado, debe renovarse constantemente" (Hernández, 1998: 70), siendo imprescindible la comunicación y el marketing.

El valor de una buena gestión de la comunicación, y las media relations, es doble. Por un lado, para "vender" el producto cultural (entendido en su definición más amplia) y, por el otro, para cultivar de alguna manera al público, explicando, por ejemplo, por qué una exposición es importante, su sentido y la significación artística de las obras exhibidas. Es decir, como postulado de esta investigación, se considera que sería necesario promocionar el museo y sus exposiciones sin desvirtuar su esencia en favor del espectáculo o la anécdota, una de las críticas comunes entre algunos de los profesionales y teóricos más recelosos del desarrollo museológico y museográfico de nuestro tiempo.

2.4.2. El ocio

A lo largo de la historia, el ocio ha ido ocupando un lugar cada día más importante en la economía y en la vida de las personas, a la vez que cambiaba su estructura. En la actualidad aparecen nuevas evoluciones de los hábitos de consumo, cuyo análisis requeriría una investigación completa en toda su complejidad. En lo que respecta al ocio cultural se advierte, en línea con lo comentado anteriormente, una ampliación progresiva de los públicos de los museos, favorecida por el mayor nivel de formación de los españoles, las nuevas tendencias museológicas y el apoyo institucional, entre otros factores.

Los museos se han convertido en citas de ocio muy populares, por ejemplo en ciudades tan competitivas desde el punto de vista de oferta cultural como Madrid. Con carácter ilustrativo podemos mencionar que la última encuesta publicada sobre Hábitos y Prácticas Culturales en España (2006-2007) realizada por el Ministerio de

Cultura mostraba una tasa de crecimiento en Madrid de un 89,6 % entre las personas que visitaron museos en el último trimestre, respecto a los datos de 2002-20032. Además, por ejemplo, las exposiciones parecen ganar protagonismo frente a otras actividades tradicionalmente consideradas menos elitistas como el cine3. En definitiva, los museos han ido aglutinando nuevos públicos, consiguiendo despertar el interés en grandes segmentos de población. En este sentido, investigaciones como la de la Universitat de Girona muestran que la principal motivación de asistencia a un museo es la curiosidad, en el 46 %, seguida de la distracción, en el 31,2 % (Puiggròs, 2005: 93).

2.5. El museo como fuente informativa 2.0

El ritmo de crecimiento de Internet ha sido sostenido en España desde su nacimiento, incrementándose de media 4 puntos porcentuales al año. Según el estudio *La Sociedad de la Información en*

España 2010. el grado de penetración se situó en el 64,2 % y la cifra de internautas ascendió a 26,9 millones de españoles. Los medios digitales y sus herramientas se van consolidando e integrando en todos los ámbitos de la vida, tanto personales como profesionales. A lo que hay que añadir que la denominada "brecha digital" irá desapareciendo según tenga lugar el natural relevo generacional.

Entre las transformaciones recientes más destacables se encuentra la introducción en los últimos años de la Web 2.0 o web social, que ha "provocado la aparición de comunidades de usuarios y una gama especial de servicios, como las redes sociales, los blogs, los wikis o las 'folcsonomías', que fomentan la colaboración y el intercambio ágil de información entre los usuarios" y donde se produce un cambio de foco de atención "desde las operaciones y los procesos hacia las personas" (Cuesta y Alonso, 2010: 33). La Web 2.0 sirve para mencionar una nueva etapa de Internet "más colaborativa que permite a sus usuarios acceder y participar en la creación de un conocimiento ilimitado" (Celaya, 2009: 27).

En lo que respecta a la gestión de la comunicación, la Web 2.0 ha significado la ruptura del tradicional flujo de la información. El ciudadano gana protagonismo y "la tecnología interactiva hace posible, no ya una comunicación bidireccional, sino multidireccional, configurando redes sociales que cuestionan jerarquías anteriores" (Baraybar, 2007: 85). Unos cambios que revolucionan la práctica de las Relaciones Públicas y muestran, incluso, un emergente nuevo "modelo de construcción de imagen corporativa" de las empresas e instituciones, debido a la naturaleza social y fragmentada del actual entorno mediático online y los múltiples jugadores que contribuyen a la reputación de las organizaciones (Gilpin, 2010: 286).

Hay que destacar que la Web 2.0 impacta específicamente en las media relations de dos formas distintas. Por un lado de forma indirecta, pues el periodista, como parte de los públicos de la institución, tiene acceso a sus canales de información y es afectado, por tanto, por ellos (página web, Facebook, Twitter, Youtube, blogs, RSS, etc.). Por el otro, porque los directores de Comunicación los utilizan, o pueden utilizar, específicamente para esta relación fuente - periodista (salas de prensa, redes sociales, etc.).

Incluso a nivel internacional han surgido nuevas redes sociales específicas como HARO, que permite a los periodistas hacer preguntas o realizar peticiones (relacionadas con temas sobre los que trabajan) a un grupo de potenciales fuentes. Así, este fenómeno nacido de la web social denominado media catching cambia radicalmente la forma tradicional de trabajar y la propia interacción, ya que en vez de "lanzar historias a los periodistas y competir por un espacio en el medio, los practicantes de Relaciones Públicas tienen que conseguir espacio mediático para sus organizaciones respondiendo a las peticiones de los periodistas" (Waters, Tindall y Morton, 2010: 249).

Actualmente podría mostrar el inicio de una tendencia. En España, por el momento, tiene escasa implantación, aunque se han creado algunas herramientas similares como Ekoos, de la Fundación Hazloposible, destinada al Tercer Sector.

La Web 2.0 y la propia Internet ofrecen un sin fin de oportunidades comunicativas a los museos. Gracias a sus herramientas, la institución se puede dirigir a sus públicos de forma directa, personalizada y en tiempo real, pudiendo establecer conversaciones. Por ello, las instituciones culturales las están introduciendo en sus estrategias de comunicación y marketing. Aunque de manera desigual, la tendencia indica un aumento gradual de éstas, incluyendo sus aplicaciones destinadas a las media relations, que siguen siendo prioritarias (Viñarás, 2011: 144).

3. OBJETIVOS DE LA INVESTIGACIÓN

El principal objetivo de esta investigación es extraer tendencias en la práctica de las media relations, en el ámbito de la comunicación institucional de los museos de arte de Madrid. Una ciudad que ha sido elegida por representar un mercado altamente competitivo y ser sede central de la mayoría de los grandes medios nacionales.

Como se ha descrito, estas *media relations* se encuentran inmersas en un cambio derivado tanto de la orientación actual de los museos como de su gestión de la comunicación, marcada por la implantación de la Web 2.0.

Por tanto, la investigación se centra en analizar el estado presente de estas nuevas relaciones fuente informativa 2.0 – periodista como proceso de comunicación bidireccional: tendencias, potencialidades y disfunciones.

Hipótesis:

En general, las media relations tienden a hacerse más colaborativas, pragmáticas y eficientes gracias a las nuevas tecnologías y las herramientas de la Web 2.0.

Aunque se perpetúan los paradigmas tradicionales basados en la confianza mutua personal, los periodistas se dirigen menos a los Responsables de Comunicación, ya que la web y los otros medios propios del museo son fuente informativa fiable también para los periodistas. Sólo requieren su gestión cuando quieren tener un trato especial y personalizado.

Subhipótesis:

Los periodistas dan más credibilidad y fiabilidad al trato personalizado con la fuente, a pesar de que recurran a éste con menor frecuencia. Se persigue la detección de prioridades de los periodistas ante los canales de comunicación e identificación de la relevancia que dan los periodistas al contacto directo

Los periodistas no participan en medios "no tradicionales" como blogs, wikis y grupos de Facebook, etc, aunque sí están influidos por estos.

4. METODOLOGIA

Para analizar la interacción fuente 2.0 - periodista, la investigación pone el foco en el periodista y su feedback ante las estrategias de comunicación de las instituciones, pues su comportamiento y necesidades son la guía para orientar estas prácticas de los departamentos de Comunicación, en su búsqueda por obtener los mejores resultados y ser más eficientes.

En primer lugar se elaboró un cuestionario estructurado para los periodistas, que incluía cuatro preguntas cerradas y una última abierta para indagar sobre las razones, motivos o causas que les llevan a sostener las opiniones vertidas en él, lo que aporta el matiz cualitativo a las respuestas.

La encuesta se realizó de forma personalizada, vía telefónica, a los periodistas responsables de la información museística de los principales medios de comunicación, por difusión, nacionales y locales afincados en Madrid, tanto generalistas como especializados en cultura, ocio y arte. En total, respondieron el cuestionario 35 periodistas de agencias, prensa, radio, televisión y medios online4.

Paralelamente, de forma complementaria, se analizaron las diversas herramientas 2.0 que utilizan las instituciones culturales para comunicarse con sus públicos y en especial con la prensa, a través de una investigación cualitativa, utilizando el método de la observación directa no participante. Además se consultaron distintas fuentes secundarias e investigaciones sobre el tema, destacando la recientemente publicada de Viñarás (Viñarás, 2011) y distintos estudios de Dosdoce.

5. RESULTADOS

La gran mayoría de los periodistas consultados, un 94,28 %, declara utilizar información de Internet y herramientas 2.0 para la elaboración de sus trabajos, tanto procedente de medios de fuentes oficiales como no oficiales. El 85,71 % de los periodistas aprovechan de alguna manera los canales Web 2.0 de los museos. La mayoría, el 57,14 %, sólo usa las páginas web de la fuente, incluyendo los contenidos generales y los específicos como la sala de prensa. Por su parte, las redes sociales son tenidas en cuenta por un 28,57 % (Facebook y Twitter). Aunque, en su caso, se realiza de una forma pasiva, sin participación alguna (94,28 %).

La mejor forma de mantener contacto con el museo (la fuente) es la llamada telefónica o el email personalizado, dos canales que comparten protagonismo y se usan dependiendo de las ocasiones, necesidades concretas, el azar y las preferencias personales. Es ligeramente superior la preferencia por la llamada telefónica para una primera instancia, un 57,13 % frente al 40 % del email, destacándose su complementariedad, según los comentarios registrados de los entrevistados.

En cuanto a las valoraciones presentadas en la pregunta abierta, las respuestas más comunes, agrupadas, hacen referencia a que el trato personal, directo y humano ofrece mayor confianza, comparado con otras formas de interacción. El 34,28 % de las respuestas hace referencia a esta idea, que es la más repetida.

Por otro lado, los periodistas consideran que la Web 2.0 es muy útil porque permite el acceso a información complementaria de todo tipo. Una consideración que está presente en el 20 % de los cuestionarios. Relacionado con ello, se demuestra cierta preocupación por la falta de fiabilidad, en general, de lo publicado en la red y la necesidad de criterio y de contrastar la información para poder ejercer un buen periodismo.

Sobre las redes sociales, los periodistas entrevistados opinan que requieren demasiado tiempo (un 20 % lo declara). Además la mayoría destaca implícita o explícitamente en sus comentarios que todavía se encuentran en un momento embrionario, tanto en su desarrollo por parte de las fuentes como en el uso y costumbre por parte de los periodistas.

Por último, las respuestas también relacionan las redes sociales con un uso social y personal más que profesional. En este sentido, dependiendo de la persona, hay profesionales que consideran negativo mezclar ambos segmentos de la vida y otros los integran sin mayor problema.

6. CONCLUSIONES

Los periodistas se ven afectados directamente por la información que publican los museos en Internet (página web, redes sociales, etc.), no sólo por la elaborada específicamente para ellos (notas de prensa, dossier, etc.). Por tanto, cualquiera de los que denominamos "medios propios" es capaz de conectar, de forma directa o indirecta, con el periodista y/o el medio de comunicación y es un aspecto que hay que tener en cuenta. En consecuencia, los museos deberían llevar a cabo una estrategia de comunicación global y evitar disfunciones tales como que se publiquen informaciones con matices distintos o no se respeten los tiempos. Por ejemplo, que se difunda toda la información en la web antes de su presentación oficial a la prensa y del envío de la posterior nota de prensa.

Por otro lado, según se desprende de las respuestas, es totalmente necesario también potenciar una interacción personalizada, y sobre todo seguir valorando el trato humano y directo por parte de los responsables de Prensa para potenciar la relación de confianza mutua. Los periodistas, como profesionales de la información, valoran el trato personal ante la necesidad de contrastar, la resolución de necesidades, la atención a peticiones, para recibir propuestas de temas interesantes, etc...

Con respecto a las redes sociales, aunque su uso profesional por parte de los periodistas es reducido, sí se muestra expectativa y un interés por su conocimiento. En cualquier caso, por ahora, en general, no es un modo de interacción aceptado para las media relations, tan sólo un complemento, al igual que las demás herramientas de la Web 2.0 e Internet. De este modo, no se considera una forma especialmente útil para la elaboración de su trabajo, quedando más en ámbito personal y social.

La hipótesis propuesta queda confirmada en dos sentidos. Primero, porque las relaciones entre fuentes y periodistas se están haciendo más colaborativas ya que se está perdiendo el tradicional flujo informativo (de fuente a periodista). Esto es debido a que el periodista tiene acceso a una mayor información pública, tanto antes como después de recibir el contacto directo del Gabinete de Prensa, lo que le permite tener mayores posibilidades de participación, de propuesta de temas, de consultas, etc. En segundo lugar, porque se ha ganado en eficiencia pues la tecnología permite dar respuesta más rápida a las necesidades concretas, como por ejemplo descargarse un audio de la sala de prensa o realizar una visita virtual a la exposición. Además, los periodistas requieren de muchas menos consultas directas al responsable de Prensa.

Aunque, como se ha demostrado, los paradigmas basados en la confianza mutua personal no han cambiado ni se prevé que vayan a hacerlo, al menos a corto plazo. Incluso es posible que deba potenciarse más este aspecto, ya que el periodista como mediador requerirá un trato especial para poder aportar nuevas perspectivas a su lector, quien ya tiene fácil acceso a la información oficial y a la propia fuente.

Por el momento, haciendo referencia a la primera subhipótesis, la mayor confianza surge del contacto directo y las relaciones personales estables. Y éstas todavía no se han trasladado del todo al mundo online. Según se desarrollen las redes sociales, probablemente, podrían ir ganando espacio en las nuevas media relations, pero parece difícil teniendo en cuenta que se asocian, en general, al ámbito personal y de ocio, como se ha descrito. En este sentido, parece que sería más indicado algún tipo de aplicación específica (como la mencionada HARO) o "mercados de conocimientos" (*Knowledge market*) como Quora, una comunidad de preguntas y respuestas que comienza a desarrollarse. Aunque conviene destacar que los periodistas actualmente no creen necesitar alguna herramienta de este tipo y, en muchas ocasiones, se quejan del tiempo que se puede perder en ellas. Además los que sí utilizan las redes sociales en el ámbito profesional normalmente no participan activamente, confirmándose así la segunda subhipótesis.

En conclusión, los cambios de los últimos años están formando un nuevo modelo de comunicación de los museos, en el que estos se convierten en verdaderos medios de comunicación interactivos. Si quieren llegar a sus públicos, favorecer actitudes positivas hacia sus instituciones y promover visitas deberán crear estrategias de comunicación globales que integren bajo un mismo concepto multitud de herramientas, cuidando al máximo la calidad y coherencia de todos los productos comunicativos. Además es necesario ofrecer un trato prioritario y totalmente personalizado a los periodistas, y medios de comunicación, tanto en el mundo real como en el virtual, por su capacidad de prescripción y su importante contribución a la reputación y marca del museo.

LA OPINIÓN DE LOS RESPONSABLES DE COMUNICACIÓN Y LA SITUACIÓN DEL PERIODISMO

Por una parte, nos encontramos con los departamentos de comunicación como fuentes de información y la finalidad de publicitar su oferta cultural; por otra, formando parte del proceso como mediadores y prescriptores sociales, los periodistas especializados que cubren habitualmente este tipo de informaciones. El principal objetivo de este estudio es identificar los hábitos de los profesionales de la información especializada en museos, lo cual conlleva una doble perspectiva que permita vislumbrar los distintos intereses que pudieran divergir o entrar en conflicto.

Durante las últimas décadas hemos asistido en España a una progresiva profesionalización y a un incremento de los recursos destinados a los departamentos de comunicación y prensa en aquellas organizaciones con espíritu de liderazgo, tanto por la necesidad de proteger el activo intangible que es su marca, como por la consciencia de gestionar cualquier comunicación pública para conseguir una imprescindible aceptación social. Esta situación coincide con la crisis del modelo de negocio que padecen los medios de comunicación tradicionales y el consiguiente deterioro de las condiciones laborales en las redacciones. Según el Informe Anual de la Profesión Periodística 2010, editado por la Asociación de la Prensa de Madrid, que analiza la evolución del sector en el periodo 2008-2010, queda en evidencia la precariedad laboral del sector -3.600 perdieron su trabajo y 6 de cada 10 han visto reducido su sueldo-, pero lo que resulta aun más significativo para nuestro estudio es el elevado porcentaje de periodistas (85%) que reconocen insuficiente el tiempo y los recursos destinados al proceso de contrastar las fuentes, y el reconocimiento de las presiones recibidas a diario de su empresa, jefe, políticos o anunciantes para influir en su información (55%). La relevancia social de esta realidad, que conlleva una banalización de la información y transciende la esfera de lo profesional.

El eje central de los procesos informativos de la comunicación especializada en los museos de arte es el gabinete de prensa, es decir, las relaciones entre los departamentos de comunicación y los periodistas especializados.

A través de una primera investigación, cuyo foco principal se ponía en los periodistas, se optó por la realizar una encuesta de forma personalizada a los responsables de la información museística afincados en Madrid de los principales medios de comunicación nacionales y locales tanto generalistas como especializados en cultura, ocio y arte.

Posteriormente, se realizó una investigación complementaria cuyo objetivo era recabar las impresiones de los responsables de comunicación y prensa de las instituciones, se eligió la entrevista personalizada por medio de un cuestionario estandarizado con preguntas abiertas, al detectarse durante el estudio previo dos aspectos que recomendaron la no utilización de preguntas cerradas. En primer lugar, el hecho de estar fuera de su control directo algunas de las operativas relacionadas con las comunicación en Internet que dependen de otros departamentos independientes o incluso se trata, en parte, de una actividad externalizada. El segundo aspecto, que afectaba a la fiabilidad y compromiso en sus contestaciones, es cierta reticencia para responder a algunas cuestiones que pudieran ser interpretadas como la opinión de las organizaciones a las que representan. Resulta pertinente destacar que la recogida de datos se realizó bajo la condición de disociación de información.

Se seleccionó a los responsables de prensa de los principales museos de arte de Madrid, atendiendo a criterios de relevancia y prestigio, número de visitas registradas en estadísticas oficiales, grado de cobertura de sus informaciones en medios de comunicación generalistas y especializados, la existencia de un servicio profesionalizado de gabinete de prensa y la continuidad en la programación de exposiciones temporales. La muestra no discrimina por la titularidad de los mismos, componiéndola museos públicos y privados, incluyendo las salas de exposiciones e instituciones con identidad propia dependientes de fundaciones u otras organizaciones sin ánimo de lucro, cuyo fin social es la organización de muestras temporales y la divulgación del arte. En total se seleccionaron 11 entidades que respondieron en su totalidad, En la muestra están presentes las siguientes instituciones: Museo del Prado, Museo Reina Sofía, Museo de arte Thyssen-Bornemisza, CaixaForum Madrid (Obra Social La Caixa), Fundación Mapfre, Círculo de Bellas Artes, La Casa

Encendida (Obra Social Caja Madrid), Fundación Canal, Fundación Telefónica, Fundación Banco Santander, Fundación Juan March.).

Análisis global de los resultados: las dos partes del proceso

A través del primer estudio realizado, se constata la incorporación generalizada de Internet a las rutinas profesionales. Desde el punto de vista del periodista, una gran mayoría (94,28%) declara utilizar información de Internet y de las herramientas 2.0 para la elaboración de sus trabajos, tanto procedente de canales oficiales (pagina web, blogs, grupos en redes sociales del museo, etc...), como de otros medios online considerados fiables. Es oportuno mencionar que afirman consultar no exclusivamente los contenidos específicos de la sala de prensa, también lo hacen con cualquier otro que con carácter general sea publicado en la web, y que un número importante (28,57%) utiliza las redes sociales como una fuente de información más de forma habitual. De este modo, se puede observar como los periodistas están influidos por toda la información que los museos se difunden en la web, no sólo por aquella que los profesionales de los gabinetes de prensa distribuyen específicamente para ellos. Todos los museos seleccionados que configuran la muestra cuentan con página web propia que incluye un apartado destinado a periodistas o sala de prensa, y participan, con mayor o menor intensidad en las redes sociales. Por otro lado, a través de la segunda investigación, vemos como los responsables de prensa declaran coordinarse o participar directamente en estas acciones, si bien, dependiendo de cada institución su implicación es variable, centrándose su dinámica de trabajo habitual esencialmente en la gestión de la sala de prensa y en los contactos directos, previos y posteriores a la difusión oficial del hecho noticiable, con el periodista.

La web social aunque, en general, no es una fórmula aceptada en la interacción fuente-periodista, sin embargo, se convierte en un elemento de comunicación indispensable para contactar con el público potencial sin utilizar intermediarios, así lo demuestran diversas valoraciones realizadas desde los departamentos de comunicación de los museos que inciden casi de forma unánime en este aspecto y que no dudan en afirmar "que las herramientas 2.0 son más eficaces con el público que con los medios" y que "la web social se convierte en un evento de comunicación indispensable para contactar con los públicos potenciales sin intermediarios". Sin embargo no se han detectado, en general, herramientas operativas para medir ni el seguimiento, ni la eficacia de estos contenidos. Situación muy diferente sucede con el control y evaluación de las acciones en medios tradicionales, que se encuentran sistematizadas e integradas en la operativa habitual mediante informes basados en el resumen de prensa que recopila los impactos producidos en los medios, lo cual demuestra el reconocimiento de su valor cualitativo y cuantitativo. Esta admitido en el sector de las relaciones públicas que "lo que dicen los medios de comunicación tiene mucha más credibilidad que cualquier anuncio pagado" (Kotler, 2000:20), calificándose la informaciones bajo los criterios de favorable, neutra o negativa, según los objetivos prefijados; cuantitativamente, es habitual en España contabilizar el espacio mediático conseguido multiplicando por tres la tarifa publicitaria del mismo.

Según los datos obtenidos, resulta recomendable la actuación de los gabinetes de prensa como sujetos activos del proceso, tomando la iniciativa y manteniendo un contacto permanente con los periodistas especializados. En cuanto a la identificación de los canales de interacción más eficaces, los periodistas afirman que la mejor forma de mantener contacto con el museo (la fuente) es la llamada telefónica (57,13%) o el email personalizado (40%), destacándose su complementariedad. Los responsables de prensa coinciden en la relevancia del contacto directo para mantener una fluida comunicación, aunque se ha detectado una sustancial diferencia que conviene destacar; mientras en las respuestas obtenidas de las oficinas de prensa señalan el contacto "en persona" como habitual y útil para su trabajo, resulta cuanto menos llamativo que ninguno de los periodistas encuestados lo identificara en la encuesta. Una discrepancia que parece estar relacionada, según se desprende de las respuestas y conversaciones mantenidas con los propios entrevistados, con los hábitos profesionales y rutinas de trabajo características del periodista de nuestro tiempo, como la exigencia de inmediatez y la falta de tiempo y recursos para elaborar sus informaciones. Incidiendo en este aspecto de evidente relevancia social y coincidiendo con estudios profesionales anteriormente mencionados, como el de la Asociación de la Prensa de Madrid, cabe mencionar algunas de las repuestas y opiniones de los Responsables de Comunicación, que justifican la perdida de interactividad con comentarios referidos a "la velocidad del mundo laboral de los periodistas que no les permite en ocasiones cubrir todos los eventos a los que son convocados, teniendo incluso en ocasiones dificultades para tomar prioridades y reclamando información previa que les permita una evaluación rápida de la relevancia del acontecimiento". Además, desde las oficinas de comunicación son conscientes de la perdida de calidad informativa al comprobar que "esa rapidez demandada puede estar influyendo en la uniformidad de lo publicado, pues la información que sale del gabinete de prensa no es posteriormente reelaborada en ocasiones". Esta disfunción, relacionada con el mayor número de trabajo a desempeñar en menos tiempo, queda también reflejada en los propios periodistas ante sus respuestas a las cuestiones referidas sobre la utilización de las redes sociales como fuente informativa; el 20 % de los profesionales consultados opina que su uso profesional reclama demasiado tiempo para mantener una actitud activa permanente, difícil de compaginar con su agenda diaria.

Uno de los aspectos destacados por los dos colectivos implicados en las investigaciones (periodistas y responsables de comunicación), es la importancia del trato personalizado, directo y humano. De hecho, los periodistas consideran que proporciona mayor confianza, comparado con otras formas de interacción. Los responsables de prensa coinciden en remarcar que predominan los canales tradicionales, sobre todo para las informaciones consideradas más relevantes: "para los impactos cualitativos de primer nivel sobre los temas estratégicos, el contacto directo, el teléfono y el email personalizado siguen siendo prioritarios". De igual manera sucede con aquellos temas sensibles para la institución: "en situaciones de crisis, tomando la concepción más amplia del término, desaparece todo y se mantiene el teléfono y el contacto personal".

En conclusión, se puede afirmar que el grado de entendimiento entre Responsables de Comunicación y periodistas es alto, conviviendo en esa relación necesaria viejos usos basados en la confianza mutua personal y las herramientas tradicionales, como notas de prensa y llamadas telefónicas, con nuevas dinámicas que hacen más colaborativas las relaciones entre museos y periodistas. Estos últimos pueden acceder a una mayor información pública tanto antes como después de recibir el contacto directo del responsable de prensa, lo que le permite tener mayores posibilidades de participación, de propuesta de temas o ganar precisión en la documentación del evento a cubrir. También se ha ganado en pragmatismo y eficiencia pues la tecnología permite reducir los tiempos de respuesta ante posibles necesidades concretas, con carácter ilustrativo podemos mencionar que la posibilidad de realizar descargas de audio sobre declaraciones y el acceso a material gráfico, como fotos o carteles, desde la sala de prensa de la página Web son las opciones más solicitadas. Incluso, en algunos proyectos, la posibilidad de realizar una visita virtual de la exposición presentada ha obtenido una buena acogida.

La confrontación de las respuestas de los responsables de comunicación y los periodistas nos permiten definir el panorama actual como embrionario, si bien los dos colectivos objeto del estudio demuestran un elevado interés y una significativa expectación por el conocimiento e implementación de las nuevas herramientas comunicativas en sus rutinas profesionales. No existen procedimientos de gestión implantados y cada uno de los museos consultados tiene sus propias formas de realizar las acciones comunicativas en la Web 2.0. Los Responsables de Comunicación siguen considerando prioritarias las fórmulas tradicionales de relación con los públicos y hemos podido comprobar como a estos cometidos se les destina la mayor parte de los recursos humanos y económicos. Son conscientes del cambio que se está produciendo, de la necesidad de trabajar de forma coordinada en los diferentes soportes, y se detectan preocupaciones generadas por el nuevo entorno. Afirmaciones del tipo: "mi trabajo ha cambiado" o "no tenemos la capacidad de incorporar constantemente nuevos proyectos en nuestro día a día, ni de correr riesgos continuamente", han resultado habituales.

Detectamos que existe predisposición por adaptarse a los nuevos entornos: "Tenemos que acostumbrarnos al protagonismo de las web. Tenemos que tener mucho cuidado con la planificación, con el calendario y la distribución de las informaciones que damos, siempre debe estar coordinada con la información que se ofrece en la web", comenta uno de los entrevistados.

Conclusiones y discusión

La aplicación más inmediata de esta investigación va dirigida a los profesionales de la comunicación, en especial a aquellos con capacidad de decisión dentro de las estructuras de las instituciones museísticas, que pueden tener presentes algunas de las consideraciones expuestas con el doble fin de optimizar sus resultados en términos de repercusión mediática y, sobre todo, de conseguir su objetivo principal, que no es otro que cumplir con su función social como instituciones culturales. También pudiera ser relevante para aquellos que toman decisiones editoriales en los medios periodísticos, al quedar en evidencia que el valor social de su intermediación con la sociedad presenta amenazas derivadas de las condiciones laborales que conllevan unas rutinas informativas no siempre adecuadas. Cualquier acercamiento a la comprensión de los comportamientos de los agentes que interactúan en su habitual desempeño profesional redundará en un beneficio mutuo y necesitará de una reflexión intelectual fundamentada en la observación científica de una realidad social.

Teniendo en cuenta los resultados obtenidos, consideramos imprescindible una planificación estratégica de los museos desde un punto de vista global de la comunicación que integre los múltiples canales informativos, bajo las premisas de calidad y coherencia de todos los mensajes, en los diferentes soportes (offline y online) y para los distintos públicos. Todo ello con el único fin de gestionar de manera coordinada y sinérgica las distintas vertientes de la comunicación organizacional o corporativa, configurada esencialmente por cuatro áreas no siempre integradas: la imagen corporativa, las relaciones públicas, las campañas publicitarias y la web corporativa, entre los múltiples recursos que sirven para comunicar a los públicos (Sánchez Pintado, 2011:18). Es conveniente crear una estrategia global para llegar con honradez y eficacia a los públicos y, sobre todo, para no crear disfunciones, pues los distintos públicos ya no se encuentran durante el proceso informativo en ámbitos independientes y diferenciados, ni tampoco configuran el proceso lineal tradicional: fuente- periodista- público.

Queda refrendada por ambos colectivos la relevancia de propiciar unas relaciones personalizadas, al demostrarse como el modo de interacción más fructífero. De tal forma que resulta de vital importancia ofrecer desde los gabinetes de prensa un trato prioritario y totalmente personalizado a los periodistas, y no tanto, obligatoriamente, con un contacto físico, sino a través de las herramientas que se han desarrollado con Internet, que previsiblemente irán ganando un mayor protagonismo en el futuro. Este desarrollo no parece suponer necesariamente la desaparición de la relación de confianza mutua, imprescindible en las relaciones públicas bidireccionales simétricas, por el contrario pueden potenciarlas al reducir las barreras espacio-temporales.

En la comunicación museística del siglo XXI, los medios y los periodistas siguen jugando un papel esencial como mediadores, prestigiadores y prescriptores. Pero también la ciudadanía demanda el acceso directo a la web ante la aparición de unos públicos cada vez más numerosos con inquietudes activas hacia las diversas ofertas culturales y a los procesos de búsqueda de información. Esta situación no debe suponer una pérdida de protagonismo para los medios siempre que mantengan el valor añadido de un buen desempeño profesional y la creación de contenidos informativos de interés, pues el aumento cuantitativo en la difusión sobre un hecho noticioso relacionado con un museo mediante los canales que permiten las nuevas tecnologías, no tiene que guardar necesariamente una relación directa con una mayor relevancia de los contenidos. El esfuerzo que conlleva el trabajo intelectual hace que la reiteración constante y la mezcla de contenidos previamente elaborados por otras fuentes se conviertan en una práctica habitual. Por las dinámicas antes expuestas, los gabinetes de comunicación se convierten en imprescindibles para garantizar la interacción social característica de estas organizaciones, pues su visión sobre el acontecimiento cultural influye en la mayoría de los casos en las demás informaciones.

El sueño de la interactividad plena con el público general, más allá de eslóganes científicos, aun se encuentra en su momento inicial y, en cierta medida, las realidades que las nuevas tecnologías pueden aportar en nuestro presente no están siendo incorporadas plenamente salvo excepciones experimentales. La falta de recursos económicos se detecta como una de las causas principales, pero cualquier cuestión relacionada con la cultura debe trascender las consideraciones puramente mercantiles, en este aspecto, los valores del buen periodismo basado en la presentación de información relevante bajo un criterio técnico y ético de calidad, objetividad y veracidad cumple, en el ámbito de los museos, una función indispensable al desarrollar una función divulgativa, y por tanto, social. El patrimonio preservado y administrado por los museos, independientemente de su titularidad o fórmula de gestión, debe tener en el disfrute ciudadano su principal misión y las nuevas tecnologías están en condiciones de favorecer y potenciar su acceso.

NOTAS

1. Término que hace referencia al "Templo dedicado a las musas" o "Casa de las musas".

2. En la Comunidad de Madrid, las personas que declararon que realizaron o suelen realizar la actividad cultural de visitar un museo en el último trimestre ascendió al 23,7 % del total de la población de 15 y más años. En relación al último año, la cifra alcanza el 40,9 % con una tasa de crecimiento de 63,6 %. A nivel nacional también se producen crecimientos significativos, un 31,2 % (primer trimestre) y un 13,5 % (último año).

3. La asistencia a las salas de cine sufre un decrecimiento de un 6,3 %, según la encuesta de Hábitos y Prácticas Culturales en España (2006-2007) del Ministerio de Cultura. En este sentido, parece oportuno reseñar también la tendencia destacada por Álvarez Monzoncillo que señala un desplazamiento de algunas actividades culturales,

como las relacionadas con el audiovisual, del ámbito público al ámbito privado (Álvarez Monzoncillo, 2004: 21).

4. Las entrevistas se realizaron a los largo de todo el mes de marzo de 2011, bajo condición de confidencialidad y disociación de datos. Las preguntas hacían referencia a si usan o no las herramientas 2.0 en el ámbito profesional (en relación con los museos), sus beneficios y perjuicios, así como cuál es la mejor forma de interacción con la fuente informativa (el museo). En la muestra recogida están presentes los siguientes medios de comunicación: Prensa: El País, El Mundo, ABC, Público, La Razón, 20 minutos, El Correo. Televisión: La 1 (TVE), La 2 (TVE), Antena 3, Telecinco, Telemadrid, Cervantes TV. Radio: Cadena SER, Cadena COPE, Radio 1 - RNE, Radio 5 - RNE, Radio Círculo. Agencias de noticias: Agencia EFE, Europa Press. Suplementos y medios especializados: On Madrid (El País), Metrópoli (El Mundo), Madrid 360 (ABC), El Cultural (El Mundo), Babelia (El País), ABC

Cultural (ABC), Guía de ocio, Exit Media, El Siglo, El Nuevo Lunes. Medios *online* (aquellos que no cuentan con edición *offline*): Hoy es Arte, Más de Arte, Madridiario. El cuestionario incorporaba una distinción por rango de edad, aunque finalmente no ha sido tendido en cuenta porque la gran mayoría se encuentra en uno similar (30-40 años).

BIBLIOGRAFÍA

ADECEC. *La comunicación y Relaciones Públicas en España. Radiografía de un sector.* Barcelona: Ediciones Pirámide, 2002.

Alonso Fernández, L. *Museología y museografía.* Barcelona: Ediciones del Serbal, 2006,

Álvarez Monzoncillo, J. M. *El futuro del ocio en el hogar.* Madrid: Fundación Autor, 2004.

Arceo Vacas, A. "Las Relaciones Públicas y el Marketing: crítica a los planteamientos de Kotler. *Questiones publicitarias: revista internacional de comunicación y publicidad,* 1995, n. 4, pp. 121-133.

Arceo Vacas, J. L. *Fundamentos para la teoría y técnica de las Relaciones Públicas.* Barcelona: PPU, 1998.

Baraybar, A. "La innovación en las empresas de comunicación y RR.PP. en la cultura 2.0." *Creatividad y Sociedad*, 2007, n. 11, pp. 85-110.

Black, S. *ABC de las Relaciones Públicas*. Barcelona: Gestión 2000, 2004.

Black, S. *Las Relaciones Públicas. Un factor clave de gestión*. Barcelona: Editorial Hispano Europea, 1994.

Celaya, J. *La empresa en la Web 2.0. El impacto de las redes sociales y las nuevas formas de comunicación* online *en la estrategia empresarial*. Barcelona: Gestión 2000, 2009.

Colbert, F; Cuadrado, M. *Marketing de las artes y la cultura*. Barcelona: Ariel, 2010.

Cuesta, F; Alonso, M. A. *Marketing directo 2.0*. Barcelona: Gestión 2000, 2010.

Cutlip, S. M; Center, A. H. *Relaciones Públicas eficaces*. Barcelona: Gestión 2000, 2001.

Gilpin, D. "Organizacional imagen construction in a fragmented online media environment". *Journal of Public Relations Research*, 2010, v. 22 (3), pp. 265-287.

Grunig, J. E. "Research in Public Relations: Current Status and New Directions". Anàlisi, 2006, n. 34, pp. 49-65.

Grunig. J. E; Hunt, T. Dirección de Relaciones Públicas. Barcelona: Gestión 2000, 2003.

Hernández Hernández, F. Planteamientos teóricos de la museología. Gijón: Ediciones Trea, 2006.

Hernández Hernández, F. Manual de museología. Madrid: Síntesis, 1998.

Kotler, P. Marketing Management. New Jersey: Pearson Education, 2003.

Kotler, N; Kotler, P. Estrategias y marketing de museos. Barcelona: Ariel, 2008.

Kotler, P. Dirección de Marketing. Madrid: Pearson Educación, 2000.

Kotler, P. Los 80 conceptos esenciales de marketing de la A a la Z. Madrid: Pearson Educación, 2000.

Lord, B; Lord, G. D. Manual de gestión de museos, Barcelona: Ariel, 2005.

Martín Martín, F. Comunicación empresarial e institucional. Madrid: Universitas. 1999.

Monistrol, R. "Evolución y aplicación del marketing cultural en los museos". Textos univesitaris de biblioteconomia i documentació. 2009, n. 23, http://www.ub.edu/bid/23/monistrol2.htm. (Recuperado el día 21 de diciembre de 2010).

Noguero, A. "Consideraciones acerca de las Relaciones Públicas en el siglo XX y su incardinación actual en el fenómeno de la globalización". Anàlisi, 2006, n. 34, pp. 87-102.

Noguero, A. Relaciones públicas e industria de la persuasión (análisis gnoseológico y situacional). Barcelona: Eunibar, 1982.

Núñez Ladevéze, L. Introducción al periodismo escrito. Barcelona: Ariel, 2002.

Pavlik, J. V. La investigación el Relaciones Públicas. Barcelona: Gestión 2000, 1999.

Puiggròs, E. Los museos para el público, un público para los museos. Girona: Zarza d'Escoles de Turisme. 2005.

Ries, A; Ries, L. La caída de la publicidad y el auge de las relaciones publicas. Barcelona: Empresa Activa, 2003.

Rius, M. "Relaciones Públicas con los medios de comunicación: perspectiva empresarial". En Barquero Cabrero, J. D; Barquero Cabrero, M. (Cord.). *Manual de las Relaciones Públicas, Comunicación y Publicidad.* Barcelona: Colección Management Deusto, 2007.

Schenkler, I; Herrling, T. Guide to media relations. New Jersey: Pearson Prentice Hall, 2004.

Tobelem, J. M. "Optimizar la promoción y comunicación de los sitios culturales". Mus-A, 2010, n. 12, pp. 85-94.

Viñarás Abad, M. "Acciones bidireccionales en la Red. Herramientas de la Web 2.0 en la gestión de la comunicación de las instituciones culturales".
Telos, 2011, n. 82, pp. 143-151. (Recuperado el 1-2-2011).
http://sociedadinformacion.fundacion.telefonica.com/DYC/TELOS/SOBRETELOS/Nmerosanteriores/DetalleAnteriores_82TELOS_ANALISIS_Acciones_bidireccionales_en_la_Re/seccion=1268&idioma=es_ES&id=2010012815550001&activo=6.do).

Waters, R. W; Tindall, N. T; Morton, T. S. "Media catching and the journalist-Public Relations practitioner relationship: How social media are changing the practice of media relations". Journal of Public Relations Research, 2010, v. 22 (3), pp. 241 – 264.

Wilcox, D. L. "The Landscape of Today's Global Public Relations". Anàlisi, 2006, n. 34, pp. 67-85.

Recursos en línea:

ADECEC, SIGMADOS. La comunicación y Relaciones Públicas en España. Radiografía de un sector. 2008. http://www.adecec.com/pdf/presentacin_del_estu dio_adecec.pdf. (Consultado el día 28 de enero de 2011).

CCCB. Encuentro sobre Redes Sociales en los museos y centros de arte contemporáneo (1 de abril 2011). http://www.cccb.org/lab/es/escenaris-virtuals/que-qui-com-i-per-que-de-l%E2%80%99us-d%E2%80%99eines-2-0-als-museus. (Consultado el día 15 de abril de 2011).

Dosdoce, Abanlex. *Estudio:* La visibilidad de los museos en la Web 2.0 (24 de noviembre de 2009). http://www.dosdoce.com/articulo/estudios/3071/la-visibilidad-de-los-museos-en-la-web-2-0[. (Consultado el día 15 de febrero de 2011).

Dosdoce. Estudio: Las nuevas tecnologías Web 2.0 en la promoción de museos y centros de arte (20 de septiembre de 2006). http://www.dosdoce.com/articulo/estudios/3062/las-nuevas-tecnologias-web-2-0-en-la-promocion-de-museos-y-centros-de-arte[. (Consultado el día 15 de febrero de 2011).

ICOM. Definición del museo. http://archives.icom.museum/definition_spa.html (Consultado el día 15 de noviembre de 2010)

Ministerio de Cultura/Fundación Autor. Encuesta de hábitos y prácticas culturales en España 2002-2003. www.madrid.org/iestadis/fijas/estructu/sociales/...

/habitosculturales03.xls. (Consultado el día 30 de
diciembre de 2010).

*Ministerio de Cultura. Encuesta de hábitos y prácticas
culturales en España.2006-2007.*
www.madrid.org/iestadis/fijas/estructu/sociales/...
/habitosculturales0607.xls (Consultado el día 30 de
diciembre de 2010).

Fundación Telefónica. Sociedad de la Información
en España 2010. Madrid: Ariel, 2011. http://e-
libros.fundacion.telefonica.com/sie10/aplicacion_si
e/ParteA/datos.html (Consultado el día 15 de
marzo de 2011).

ÍNDICE

1- ESTADO DE LA CUESTIÓN   5

2- OBJETO DE ESTUDIO   9

   2.1. Definición de media relations   9

   2.2. Modelo bidireccional simétrico   13

   2.3. *Media relations*   16

   2.4. Nuevas tendencias de los museos 22

          2.4.1. El museo   22

          2.4.2. El ocio   26

   2.5. Fuente informativa 2.0   27

3- OBJETIVOS   32

4- METODOLOGÍA   35

5- RESULTADOS   37

6- CONCLUSIONES   40

ANEXO   45

NOTAS   65

BIBLIOGRAFÍA   68